# 我是小侦探 3

# 庆典追踪

[法]瓦雷里·桑松内特 著
[阿根廷]丹尼埃尔·斯庞顿 绘　李富强 译

中信出版集团 | 北京

# 艺术学校返校日

**寻找目标**
1. 海宁
2. 莉莉
3. 璐璐
4. 小塔
5. 小毛
6. 小安
7. 乔伊
8. 小凯

今天是皮帕瓦特艺术学校的返校日。每个人都收到了一封邮件，根据提示就能找到自己本学年的搭档。等他们找到对方，就可以开始上课啦。你要帮帮他们吗？

**海宁**开着一辆红色的汽车，正全速前进。他要找到等他的**莉莉**，就是头上戴着一顶红色帽子的那位。莉莉旁边坐着的是她的朋友**璐璐**，璐璐戴了一顶红色的鸭舌帽。她们在哪儿呢？

一头玫红色头发的**小塔**格外显眼，她肤色呈美丽的淡绿色，穿着白色的鞋子。她在路上走着，想要找到**小毛**，却一脸茫然……好在小毛率先找到了她，这多亏了望远镜。那你呢，你先找到的谁？

你知道三明治先生是什么意思吗？就是身体前后都挂着广告牌的人，活像一个三明治。这样，你就能找到**小安**了。他只能通过这种办法来为自己赚取学费……他一边工作，一边寻找着**乔伊**。而乔伊正在和马路合唱团一起唱歌呢，就是那个双手放在胸前的家伙。

现在你都找到大家了吧。哦，不，还要去找**小凯**，他从一开始就在等你了。就在图片的底部，为了让你看到，他正朝你挥舞着手臂呢。你有没有觉得他把你当成搭档了？

收藏必备

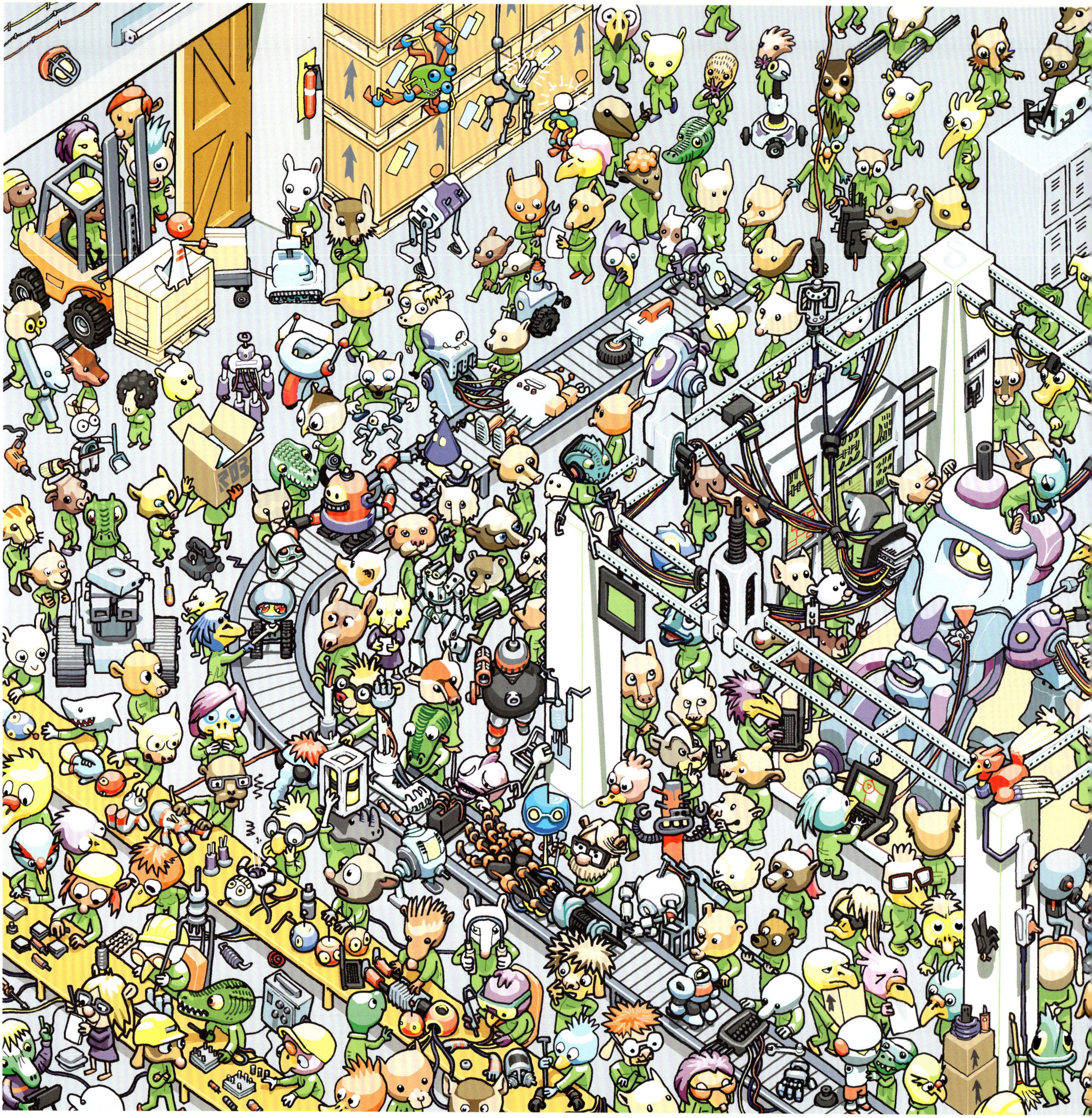
RD3

# 机器人工厂赶工

**寻找目标**
1. 小加　2. 菲菲　3. 沃尔夫
4. 小安　5. 伊森　6. 小迪
7. 小古　8. 杨总监

罗伯托尔机器人工厂里乱糟糟的，今天是个大日子，成千上万的机器人等着今晚完工呢！

从**小加**开始，就出现了一些混乱：两个弹簧从他的机器人的身体里弹了出来。快找到他！

**菲菲**想集中精神工作，但是**沃尔夫**一直在她后面告诉她该怎么做。她想让他闭嘴，但这是不可能的！他们俩都在**小安**旁边，小安就是那个长着杂乱的红色眉毛的家伙，一眼就能认出来。

**伊森**刚把他制作的红绿相间的机器人放在测试台上。机器人能运行吗？你若想知道，快帮**小迪**按下他身后的绿色按钮。他俩都穿着黄色工作服。

机器人**小古**的脑袋掉了……我可没骗你！它一路走一路瞧，想找人帮忙，它可不想一直这副样子啊。你想帮它修一下吗？

注意，**杨总监**来了。所有人都害怕他，因为他已经报废了不止一个机器人了！你觉得他可能是一个面目狰狞的家伙？根本不是！杨总监站在木箱子上，虽说他的脑袋红彤彤的，但他看起来还挺友善的，对吧？

# 威尼斯狂欢节追踪

**寻找目标**
① 罗密欧  ② 奥斯卡
③ 罗密欧的另一个朋友  ④ 尤里  ⑤ 朱丽叶

罗密欧和朱丽叶真心相爱，奈何两大家族仇恨多年。狂欢节则为他们提供了一个瞒着父母秘密约会的好时机。

在等待爱人到来之际，罗密欧很开心，扮成金色的幽灵跑来跑去。你看到他了吗？

他把一封信交给了朋友提多，提多把信藏在了奥斯卡弹的那架三角钢琴里。奥斯卡有一头金色长发，你找到这位钢琴家了吗？

罗密欧的另一个朋友过来取信，并将它藏在肩上扛着的地毯里。对，真棒，就是那个从一群流行歌唱家后面经过的家伙。

现在，他要把这封珍贵的信交给尤里。尤里正踩高跷，很容易找到！而他不费吹灰之力就能找到朱丽叶。

美丽的朱丽叶正在等待罗密欧的信。她先是到河堤边看骆驼，现在又与表哥乘贡多拉游河。朱丽叶正向经过的喇叭演奏者们挥舞羽毛扇子，还一边高声叫喊着。你看到她了吗？

一看到罗密欧的信，朱丽叶就跑去路灯下与他会合，一起去游玩了，没有人认识他们……当然，除了你！

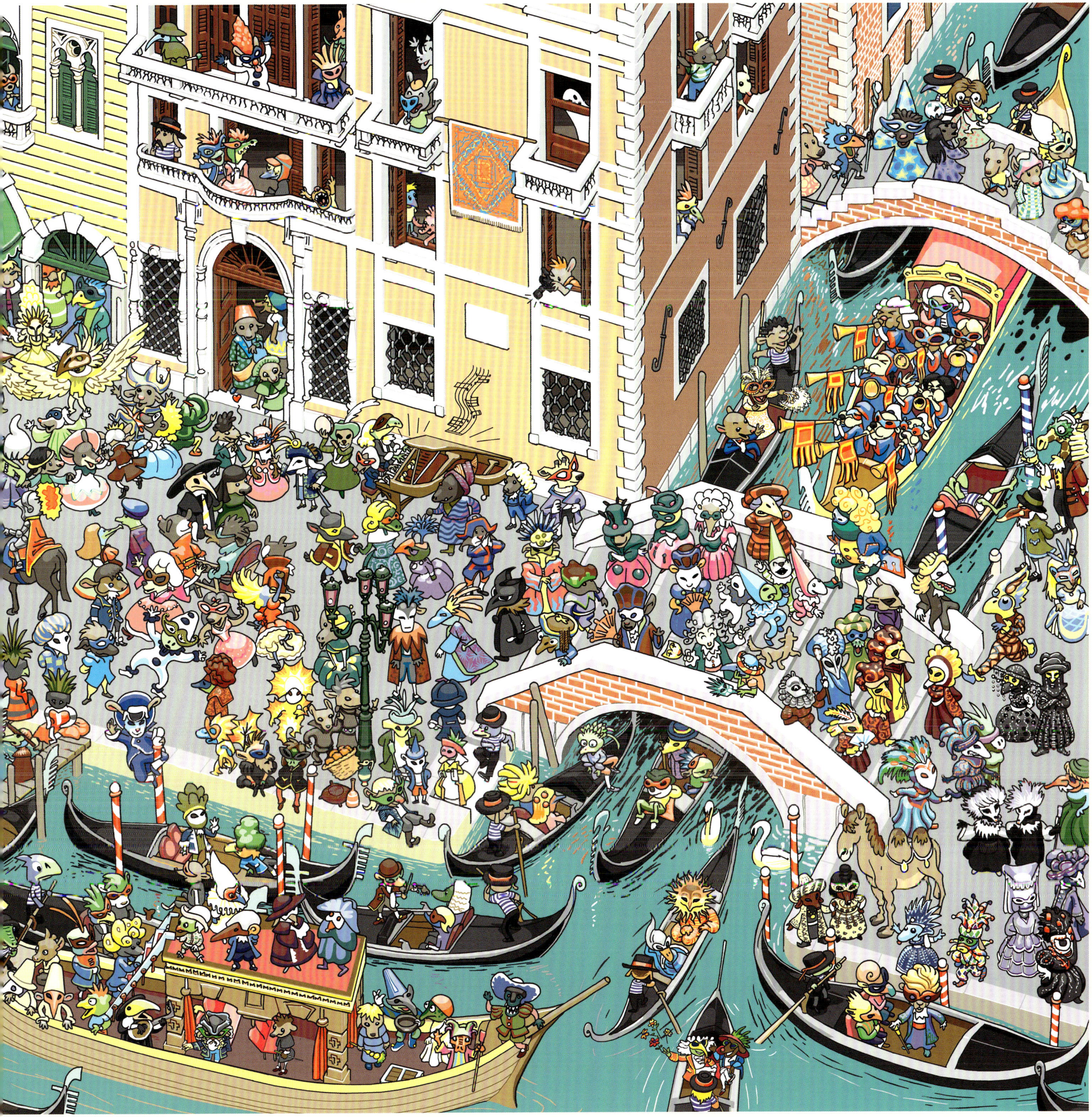

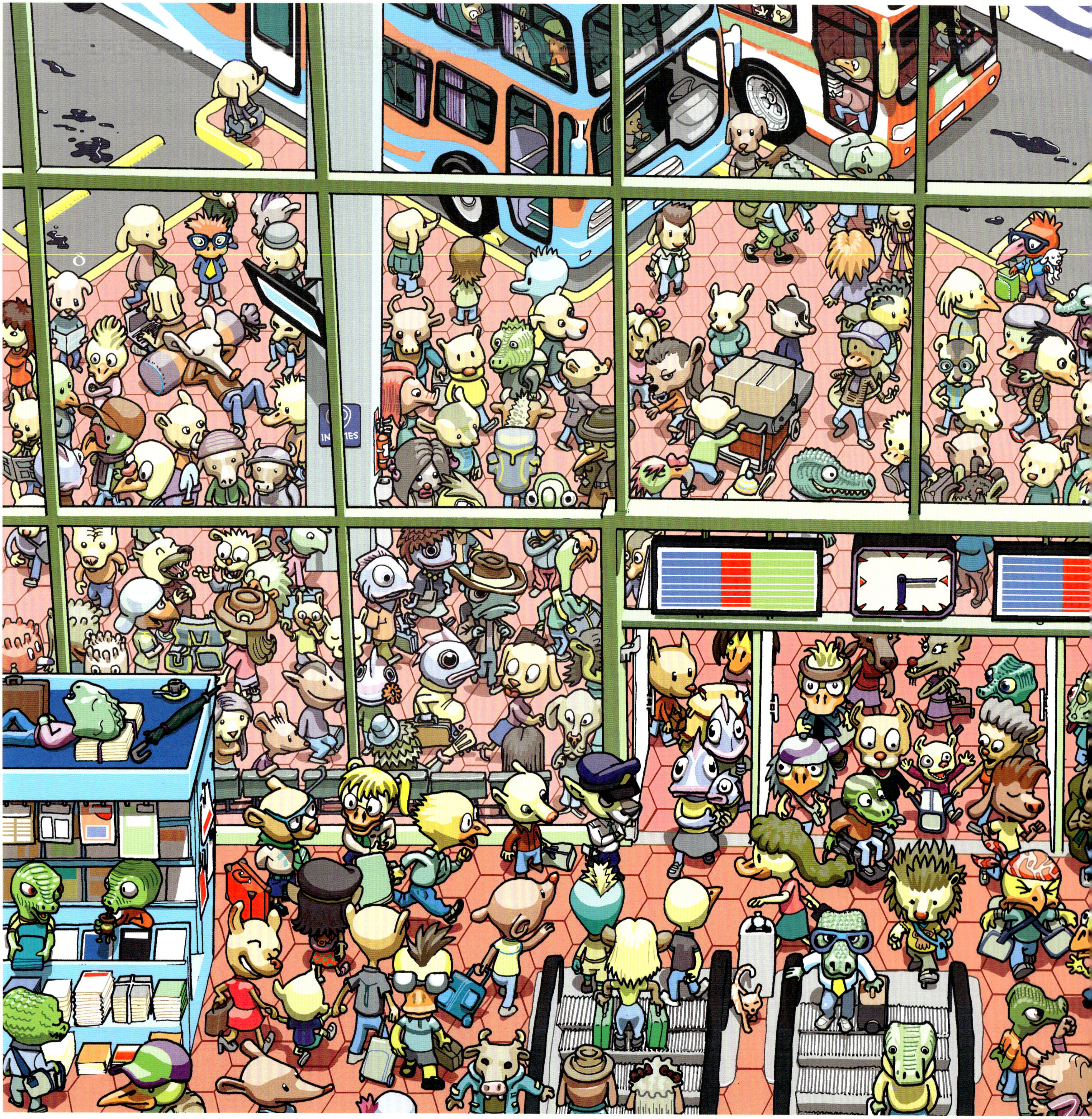

## 汽车站寻人

**寻找目标**
① 小尼
② 带着红色手提箱、戴着蓝色眼镜的旅客
③ 另一个旅客  ④ 真正的斯塔克先生

国际搞怪大赛的举办者<mark>小尼</mark>来到了车站。他穿着一件橘色的T恤衫，坐在轮椅上。仔细找找！

他是来接斯塔克先生的。他先是走向了一个<mark>带着红色手提箱、戴着蓝色眼镜的旅客</mark>，因为斯塔克先生告诉他自己戴了一副蓝色眼镜。你看到这个旅客了吗？

但那并不是小尼要找的人。真的不是！斯塔克先生特地强调他打了一条黄色的领带！小尼差点儿忘了这个小细节。他现在又冲向了<mark>另一个旅客</mark>，他似乎符合描述。他站在外面，就在那个躺在地上睡觉的旅客附近。

小尼又莽撞了！他忘了看看那个家伙是不是提着行李箱。他放眼望去，周围有两个旅客都戴着蓝色眼镜、打着黄色领带、提着行李箱。

你觉得难以置信？但这是真的！

那么，哪一个是<mark>真正的斯塔克先生</mark>呢？很简单！就是怀里抱着可爱的小狗尤达的那位啊。尤达也想参加小尼举办的比赛，它是个搞怪高手，可因为斯塔克先生是裁判，它无权参赛！

# 滑板场选拔

寻找目标：
1. 主教练阿多
2. 小莉
3. 小布
4. 另一个运动员
5. 三个一不留神摔得眼冒金星的运动员
6. 克克

整个城市的滑板运动员都聚集在这里，因为奥林匹克滑板队的 主教练阿多 来选人了。他穿着橘色上衣，头上有长长的角，你会认出他的。他还没掏出小本本，但应该快了。

看他来了，大家都铆足了劲儿想表现一番，因为阿多主教练的选择可能会改变他们的一生。

在开始滑滑板之前，小莉 先穿着溜冰鞋热了热身。她举着一个收音机，边听边跟着节拍滑行。你看到她了吗？

小布 则另有一套准备动作：他嚼着口香糖，吹出超大的泡泡。他声称，连续吹完五个泡泡就可以出场了。你觉得能行吗？

另一个运动员 在台阶上完成了一次完美的飞跃。你看到他了吗？

当然，混乱的人群中也有惨败的。请找到 三个一不留神摔得眼冒金星的运动员。

此时，克克 一直保持注意力集中。这位滑板爱好者关注的只有成功完成跳跃和旋转动作。但最特别的是，短短几秒中，她的身影能在地上投映出狼的模样，就像中国的皮影戏一样。真是闻所未闻！有了这本事，她肯定能吸引阿多主教练……也能吸引你，不是吗？

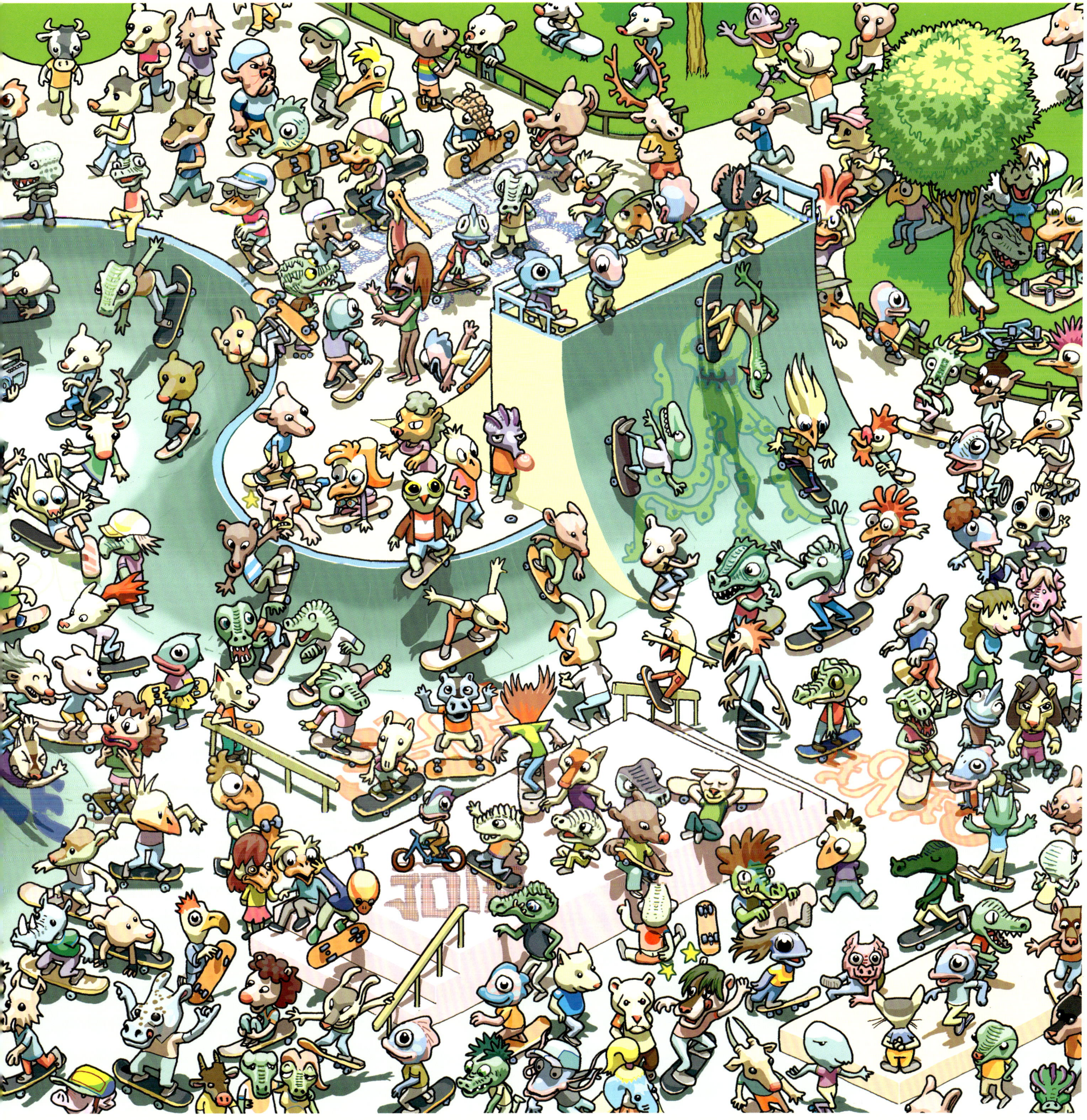

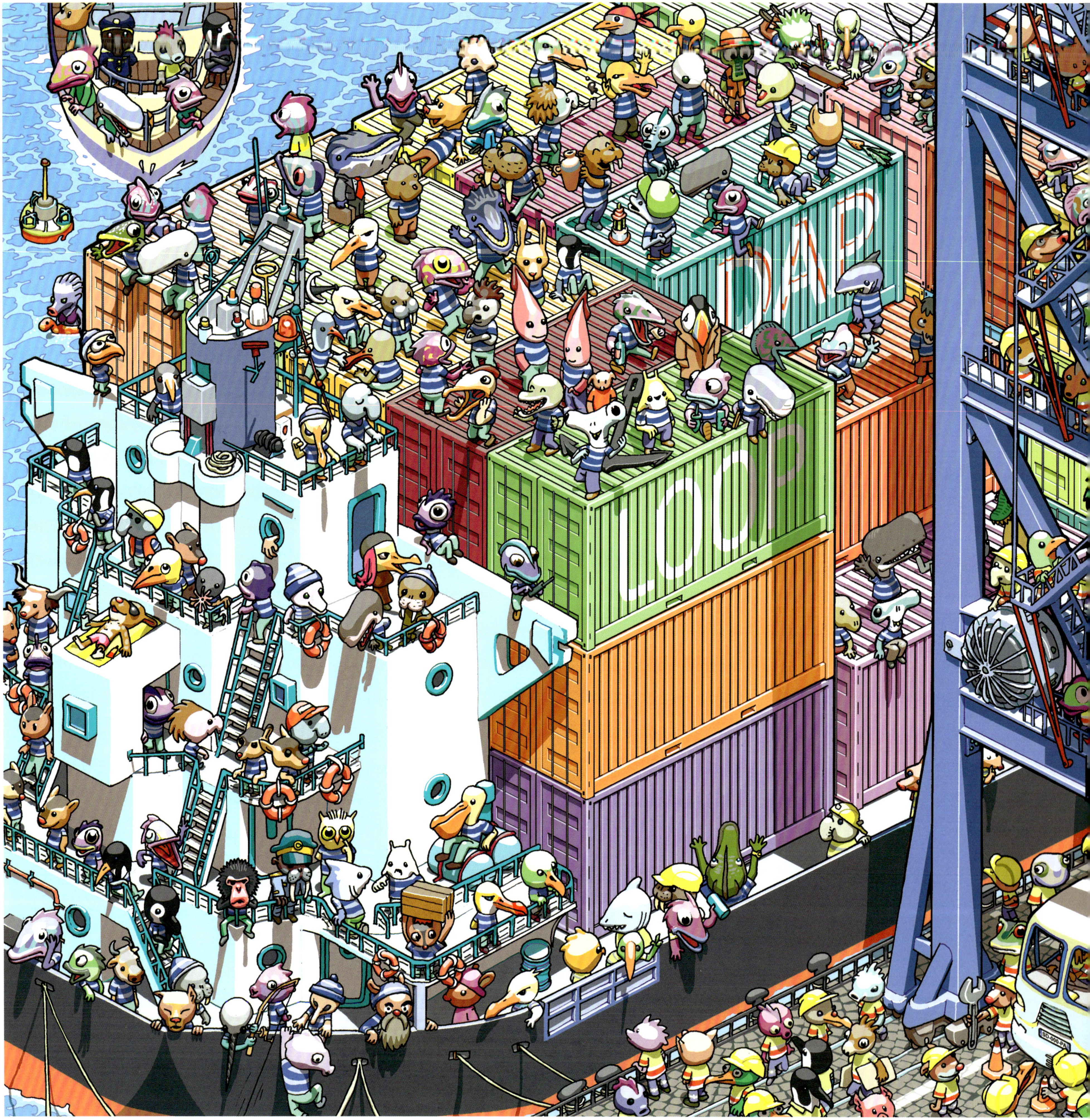
DAP
LOOP

## 集装箱船准备启航

寻找目标
1. 阿蒙船长　2. 小于　3. 小格
4. 小托　　　5. 小梅　6. 尤米

码头这里真是热闹极了！这艘集装箱船在海边滞留了几个月后，终于可以启航了。阿蒙船长在重新工作之前，先去晒了个日光浴，就躺在他的黄色浴巾上。不必费力气你就能找到他。

他指派小于来指挥装船工作。为了保证不出差错，小于上上下下，跑个不停。他很好认，就是那个一手拿着对讲机贴在耳朵上，眼睛还看着手表的家伙。

小格用不着大呼小叫。他更喜欢用手机发送命令，他骑坐在白色的横梁上，监视着整个码头。要是你坐在他这个位置上早就晕了吧？

小托趴在船边钓鱼呢！在他旁边，是正在喊救命的小梅，她紧紧抓住船身，以免掉入水中。可小托还不想松线，因为他钩住了一条大鱼。别担心，有别人来帮助小梅了。他们都在尤米附近，就是那个一脸大胡子的家伙。

你是不是在纳闷儿那个在恐龙游泳圈里漂荡的家伙是谁？其实不只是你，大家都不认识他……

# 赛马场精彩时刻

**寻找目标**
1. 唐唐
2. 小卢
3. 西西
4. 恩佐
5. 索尔公爵夫人
6. 塞拉芬

随着 13 号选手的摔倒，失望的浪潮在观众中蔓延，阿尔特密斯杯马术比赛也进入了白热化阶段。你看到<mark>唐唐</mark>了吗？他在观众席的二楼，帽子都掉了。

而<mark>小卢</mark>却认为自己很幸运，为什么呢？因为 13 号选手就摔倒在他眼前，他可是一名专业摄影师，这照片抓拍得多精彩。你早看到他了，不是吗？

<mark>西西</mark>，就是帽子上装饰着一枚红心的那位，她后悔极了，因为她和朋友打赌 11 号选手会赢，但 11 号现在是最后一名！你已经在人群中找到西西了？太棒了！

<mark>恩佐</mark>大喊着，为 7 号选手加油。他希望 7 号选手能稳赢到最后一刻。告诉他冷静点儿，可别滑下来了。没错，他就是在屋顶上的那个小家伙。

这场比赛的胜利者将会得到<mark>索尔公爵夫人</mark>颁发的奖杯。现在，公爵夫人正在祝贺上一场比赛获胜的骑师<mark>塞拉芬</mark>。你发现他们了吗？

这一场公爵夫人对 15 号选手寄予厚望，相信他一定能超过 7 号。你觉得呢？

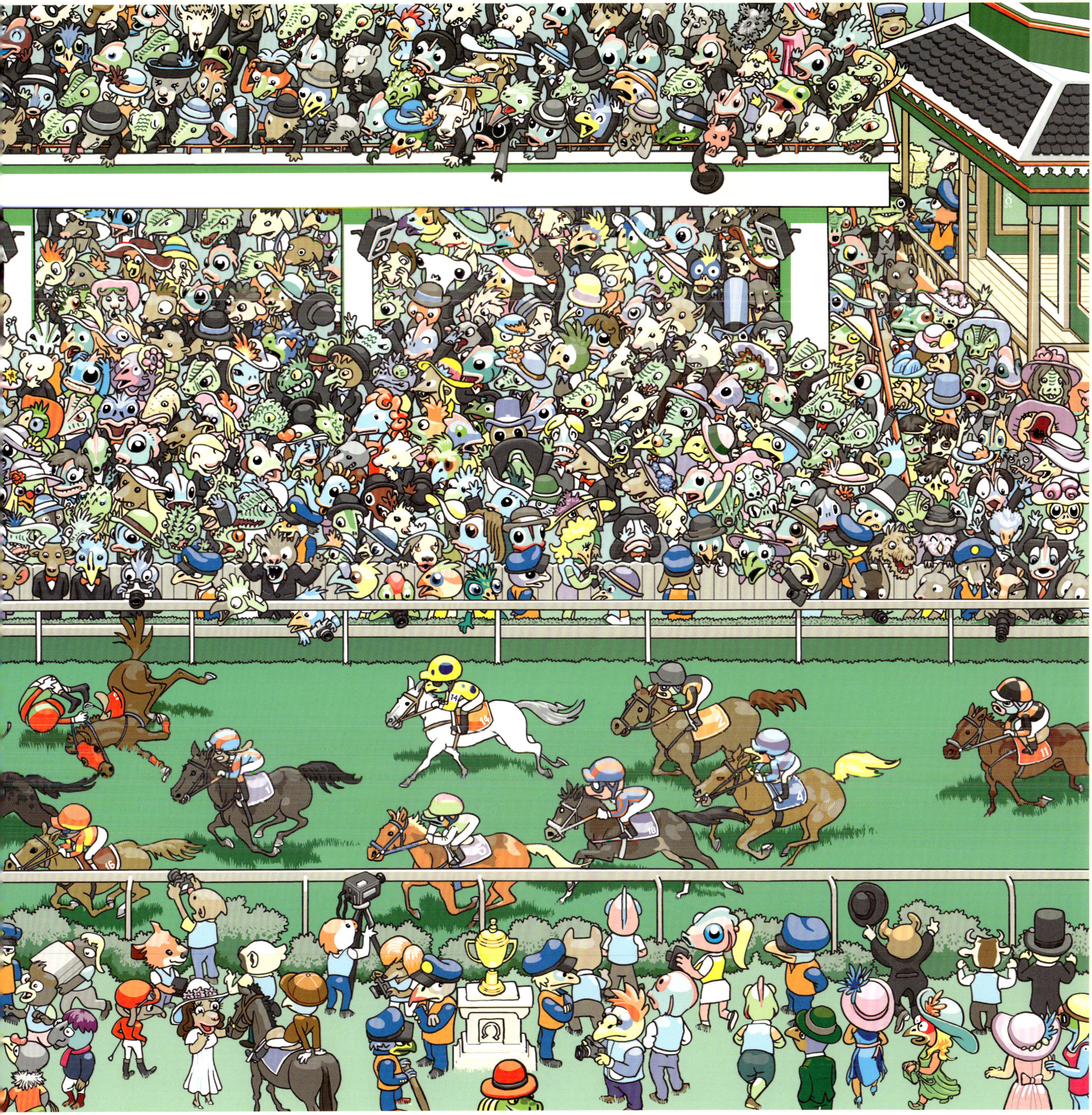

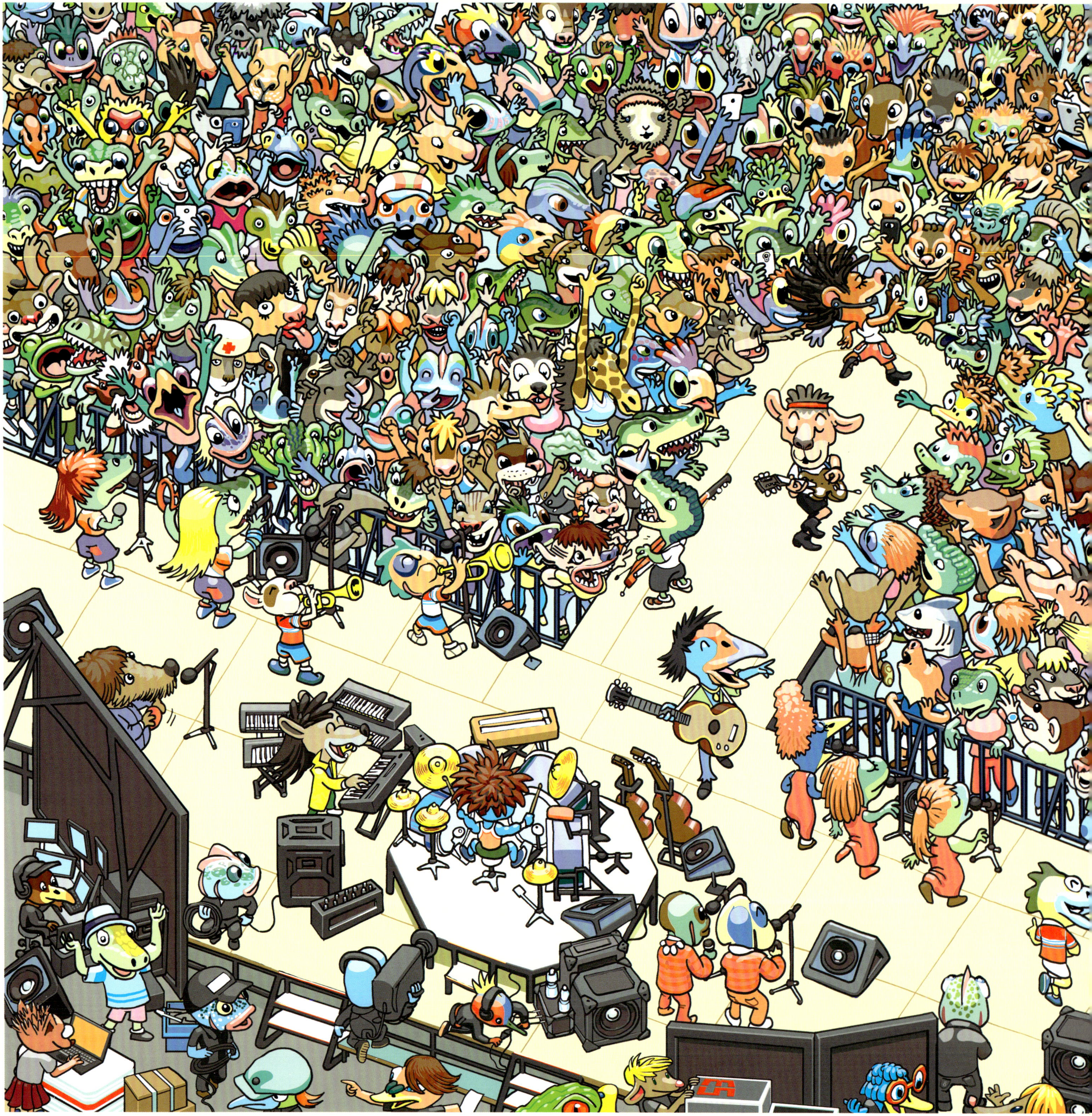

## 摇滚节精彩演出

寻找目标
1. 小格　2. 娜娜　3. 小吉
4. 贝贝　5. 尼尼　6. 小亚和小美

　　伦普思摇滚音乐节正如火如荼地进行着。突然，**小格**停止了演唱，惊讶地张大了嘴巴，手指着台下的一位观众！他看见**娜娜**了。娜娜戴着一副硕大的黑色眼镜，并不起眼，但小格还是在人群中捕捉到了她的笑容。你呢？

　　小格也注意到**小吉**了吗？小吉就是那几个罕见的唱也不唱、喊也不喊、跳也不跳的观众中的一个。他似乎根本没专心听歌。你会发现他的T恤衫上有一颗白色的星星图案。

　　现在，小格也发现**贝贝**了。贝贝可是小格在学校里最好的伙伴，他被一伙朋友托了起来！凭着你的火眼金睛，很容易找到他们的。

　　你可能也已经认出满脸胡子的**尼尼**了。他总是伸出长舌头，用这一动作来表现自己的兴奋。不太雅观，对吧？

　　演出结束后，小格就能与朋友们相聚了，他肯定高兴坏了。**小亚和小美**好像比他还高兴，这两个家伙的眼睛都没有离开过彼此，一点儿没心思看演出。

# 度假村寻人

**寻找目标**
1. 丹尼奥
2. 小贝
3. 拉拉
4. 朱丽叶和阿兰
5. 小艾
6. 小居
7. 多多
8. 亚当

**丹尼奥**刚得知他最喜欢的足球队赢得了比赛，正开心地挥舞着一面蓝白条纹的旗帜。

**小贝**随着小米的吉他伴奏翩翩起舞，他的弗拉明戈舞大有进益，正向**拉拉**展示呢。可拉拉并不关心，看都不看一眼！你看到他们了吗？

**朱丽叶和阿兰**对身边嘈杂的声音充耳不闻，只一门心思下象棋。他们都在小杜旁边，就是那个放风筝的家伙。

**小艾**呼呼大睡，也对噪声不在意。注意，可别把他和雨果搞混了：雨果躺在白色遮阳棚上休息；而小艾躺在泳池不远处休息，他穿着黄色泳裤。

**小居**在到处拍照，他的照相机跟脸庞差不多大小，找到照相机就能找到他！

**多多**找不着**亚当**了，为了找到藏在人群中的亚当，他举起了望远镜。而亚当拿着蓝色的杯子，安静地边品尝咖啡边等他的朋友。你先找到哪一个啦？

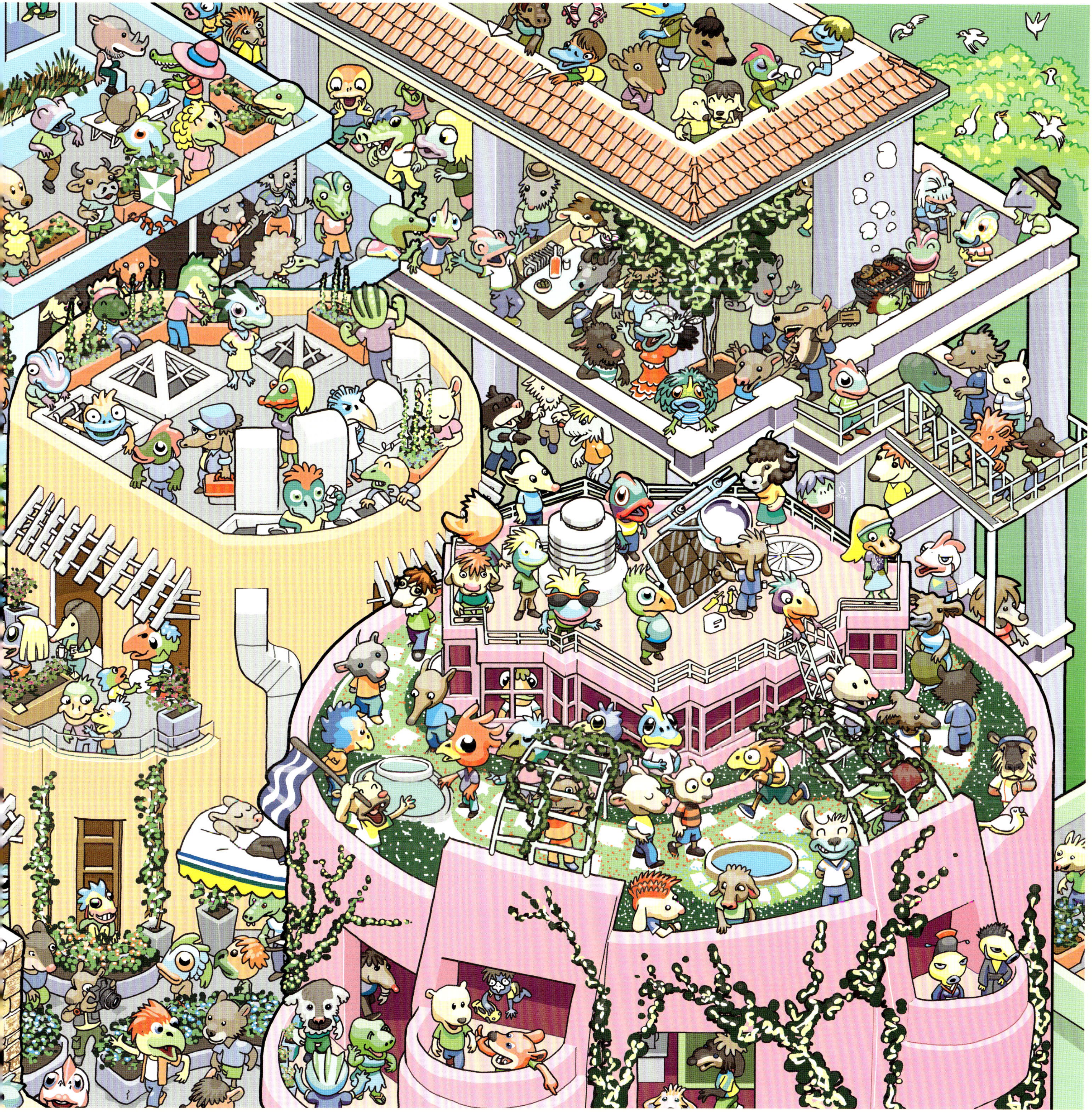

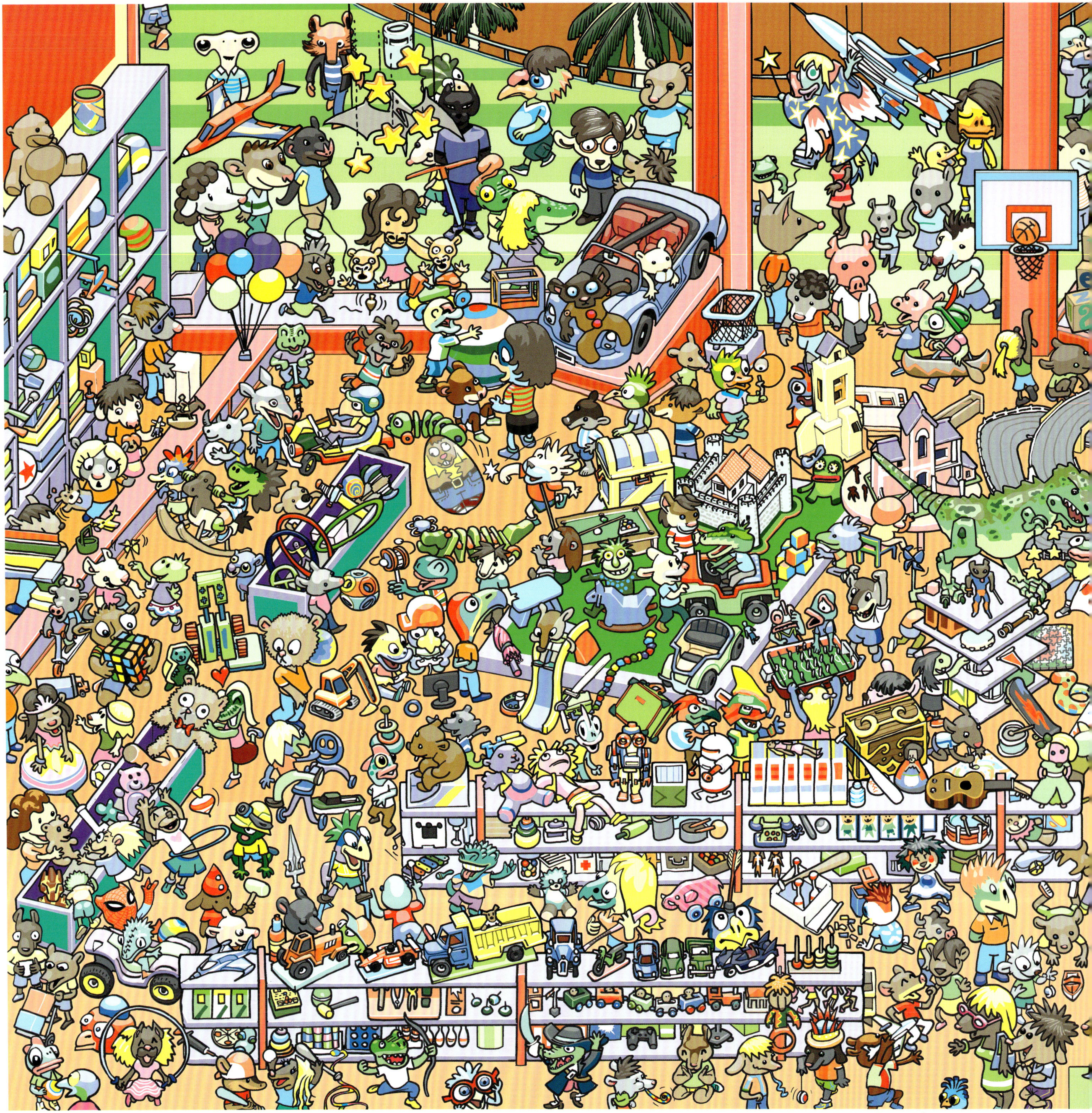

# 玩具馆开业庆典

寻找目标：
1. 小萨　　2. 米兰　　3. 苏菲
4. 小鲍和小斯　　5. 小丑先生

今天，一家新的玩具馆开业啦！孩子们都来这里聚会。

**小萨**抢到了玩具直升机的遥控器。但愿他会操作，否则小心飞机失事！要是你也梦想过开飞机的话，保准一下就看到他了。

**米兰**则钟爱棒接球玩具。这种玩具用长细绳把小球系在一根小棒上，玩儿的时候将小球往上抛，然后用小棒的尖端接住小球。米兰试了好长时间了，你觉得这次他能成功吗？

泰迪熊里诺有着大大的眼睛，戴着红色的蝴蝶结，它已经准备好与小朋友们玩耍了。你也喜欢它吗？太遗憾啦，**苏菲**先到一步，把小熊拿走啦！

**小鲍和小斯**看中了同一套骑士装扮，小鲍穿上了盔甲，小斯抢到了佩剑。去替他们做个公断吧。

大家都玩儿得不亦乐乎，这场开业庆典非常成功。可**小丑先生**却有点儿生气。他为孩子们准备了表演，可是孩子们只顾着玩儿，不愿意看他的节目。或许你想去陪陪他吧？

# 水乐园状况连连

寻找目标
1. 安娜
2. 小芙
3. 唐克
4. 小埃和小娅
5. 乔治
6. 迈克

啪嗒嗒！扑通通！哗啦啦！尖叫、滑行、跳跃、奔跑，水乐园的气氛真活跃！一眼看去，你是不是觉得一切都很棒？但是若仔细看的话，你就会发现好几位都身陷困境呢！

首先是 安娜，她在坐过山车时，险些把项链弄掉，还好她抓住了。哟，有惊无险！

小芙 那边也有一些不妥，她游泳的时间太长，现在累得睡着了。可得当心晒伤呀，她就躺在房顶上呢，去叫醒她吧！

唐克 坐在救生圈上，刚玩儿了瀑布滑梯。他可没注意到，眨眼工夫，小埃和小娅 就要落到他的头上啦！那你呢，你找到他们了吗？

而 乔治 呢，他连一个小小的攀爬架都爬不上去。他双手紧抓着红色攀爬架，两只脚悬空，每次尝试都差点儿掉进水里。你看到他了吗？

还有一个遇到麻烦的是 迈克。他在两节管道之间做了个一字马，想让所有人都为之一惊。他不是成功了吗？那有什么麻烦？呃，原来是他卡在那里，动弹不得了，疼得他直喊哎哟哎哟！瞧瞧，这就是逞强的后果！

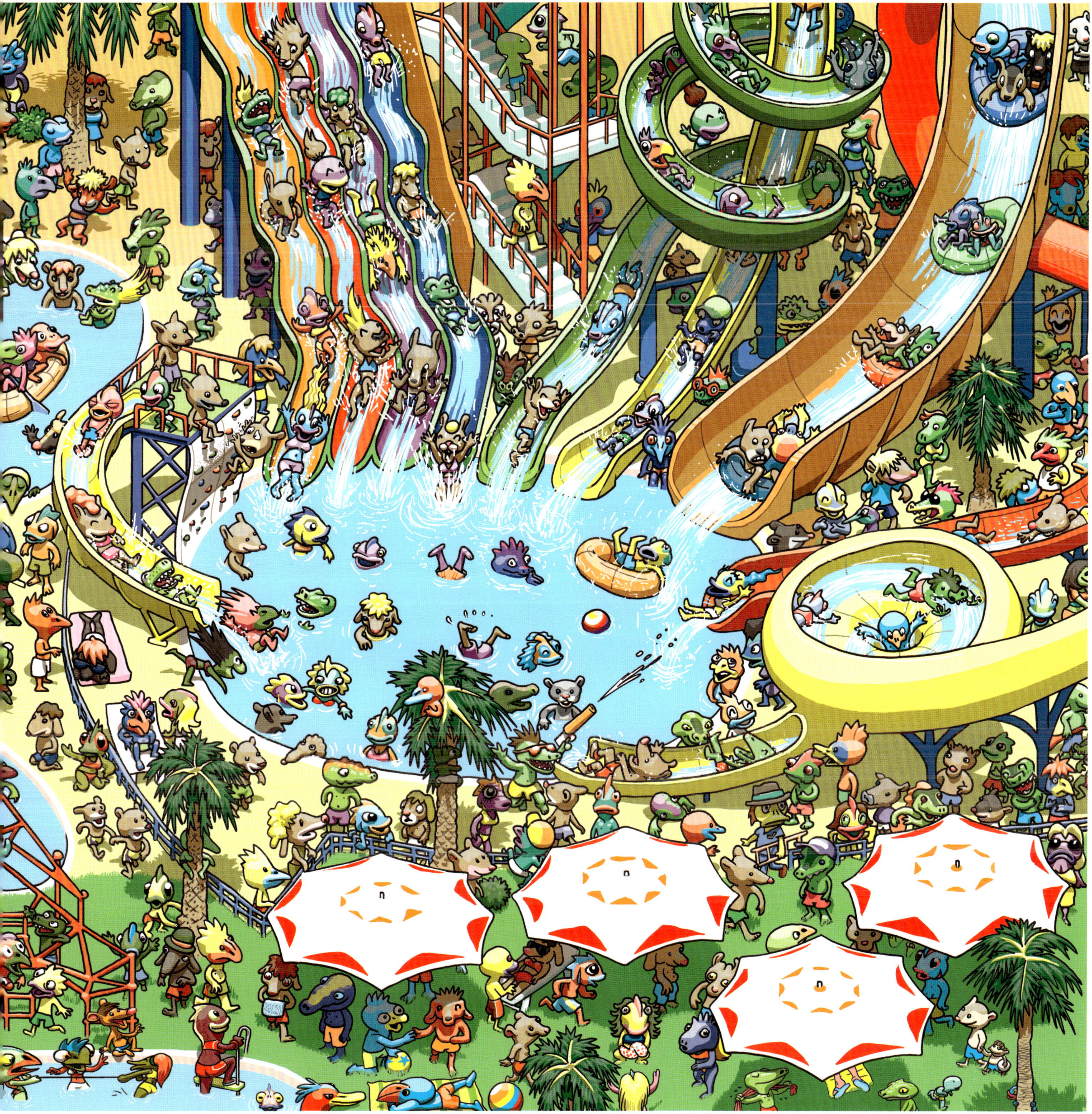

花店　肉店　西班牙油条

# 小集市寻人

寻找目标
1. 小茱　2. 小瑟和卢克　3. 卖鱼夫妇的摊位
4. 阿罗　5. 小薇　6. 小娜
7. 弗拉基米尔　8. 奥尼
9. 卡卡

每个周日上午，小集市上都热闹非凡。

**小茱**的西班牙油条让广场一角香气四溢。**小瑟和卢克**肩并肩，一边逛街一边品尝着鼎鼎大名的油条。请找到这两个贪吃的伙伴。

易卜一脸惊慌失措的样子，他的妻子一遍又一遍地在冰柜里翻找，可都是徒劳，他们忘记准备上周穆先生订的货了。我的天哪！你看到这对**卖鱼夫妇的摊位**了吗？

这就是小摊贩们的生活，似乎一切都如往常一样。然而……

**阿罗**腋下夹着一卷绿色的布，**小薇**则夹一卷黑色的布，他们俩都要去找卡卡。你发现他们了吗？

**小娜**怀里抱着孩子，戴着太阳镜，她也在找卡卡。**弗拉基米尔**和**奥尼**也在找卡卡。弗拉基米尔搬着两个沉甸甸的白色盒子，龇牙咧嘴的。奥尼就是肩上扛了一个超级大包裹的家伙。

你一定很纳闷儿卡卡是谁吧，怎么人家都要找他呢？

其实啊，**卡卡**不是别人，就是卖彩票的那个家伙。今晚年度超级大奖得主就要揭晓啦，大家都盼着能中奖呢！

# 老爷车大游行

**寻找目标**
1. 小维
2. 伊芙
3. 大卫
4. 保罗
5. 阿德和小吉
6. 小芒
7. 小娜和佳佳
8. 伊莎的红色汽车
9. 小马的老爷车

　　快！帮帮 小维 吧，他要去参加老爷车游行。但这个可怜的家伙现在只能坐在汽车的踏脚板上，因为他的车发动不了了。是的，他戴了一顶条纹软帽。

　　小维在等待去找大卫拿扳手的 伊芙，可突然，他看到伊芙开着一辆粉红色的敞篷车经过，车子和她的长发一个颜色。

　　伊芙加入了游行队伍，难道 大卫 要亲自来送扳手吗？扳手就在大卫的脚边。事情还不太明朗，就目前而言，就像你看到的，大卫还在那儿静静地坐着呢……

　　保罗 决定去帮帮他的表兄小维。为了能快点儿到，他站在 阿德和小吉 那辆车的踏脚板上，就是蓝色车身的那辆。从 小芒 旁边经过的时候，保罗高兴地跟她打招呼。小芒就坐在 小娜和佳佳 的老爷车后座上。请找到这些人。

　　伊莎的红色汽车 也遇到了些问题：她的发动机在冒黑烟，真让人担心。她把车停在了旁边的草地上，你肯定早就注意到了吧。

　　其实这些都是小马干的，他本来还想把所有的车都破坏一遍呢，这样他就能成为游行车队的唯一主角了。小马的老爷车 是绿色的，车轮内侧是红色的。话说要是他的车过会儿也坏了呢？

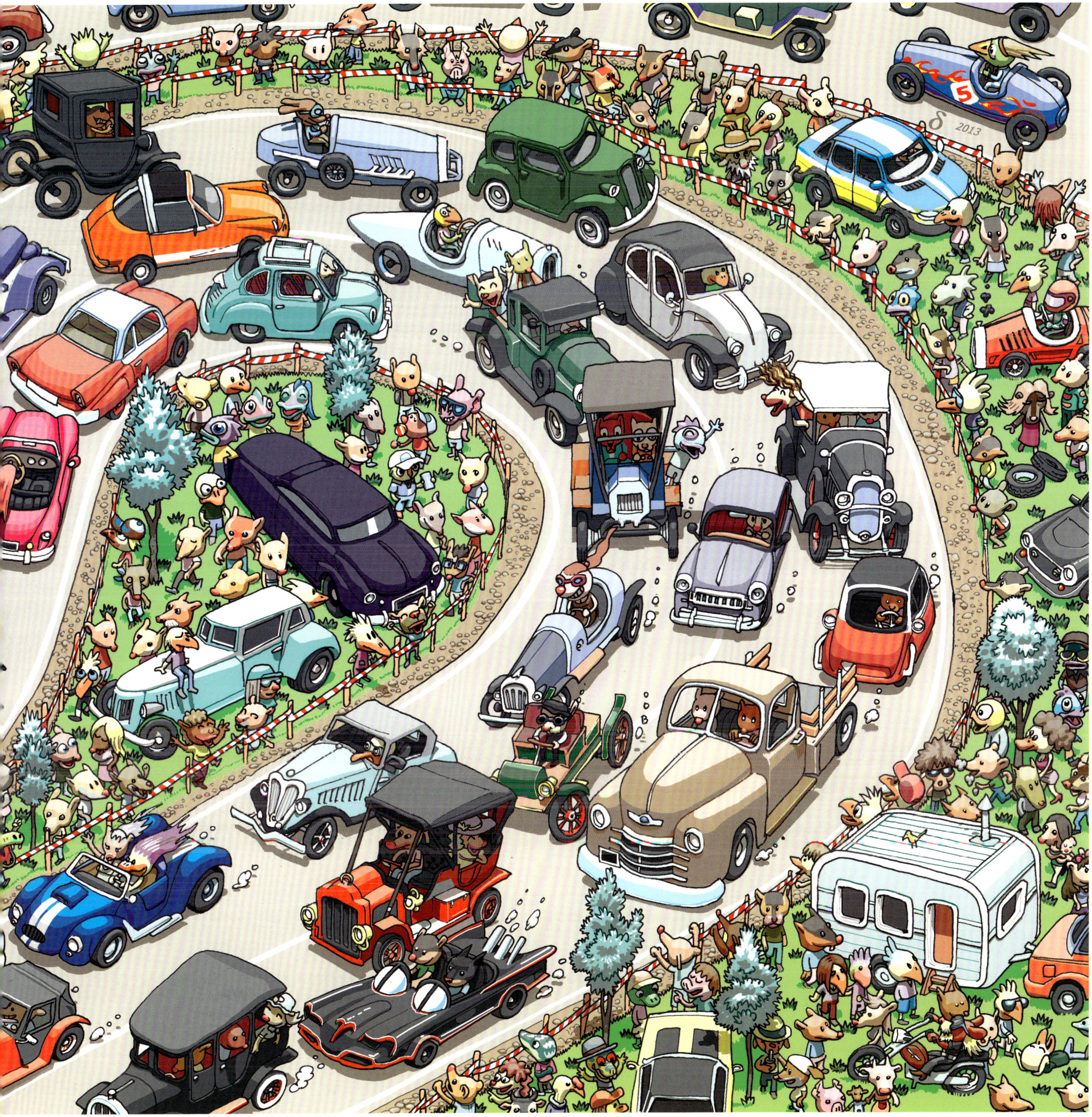
5
δ 2013

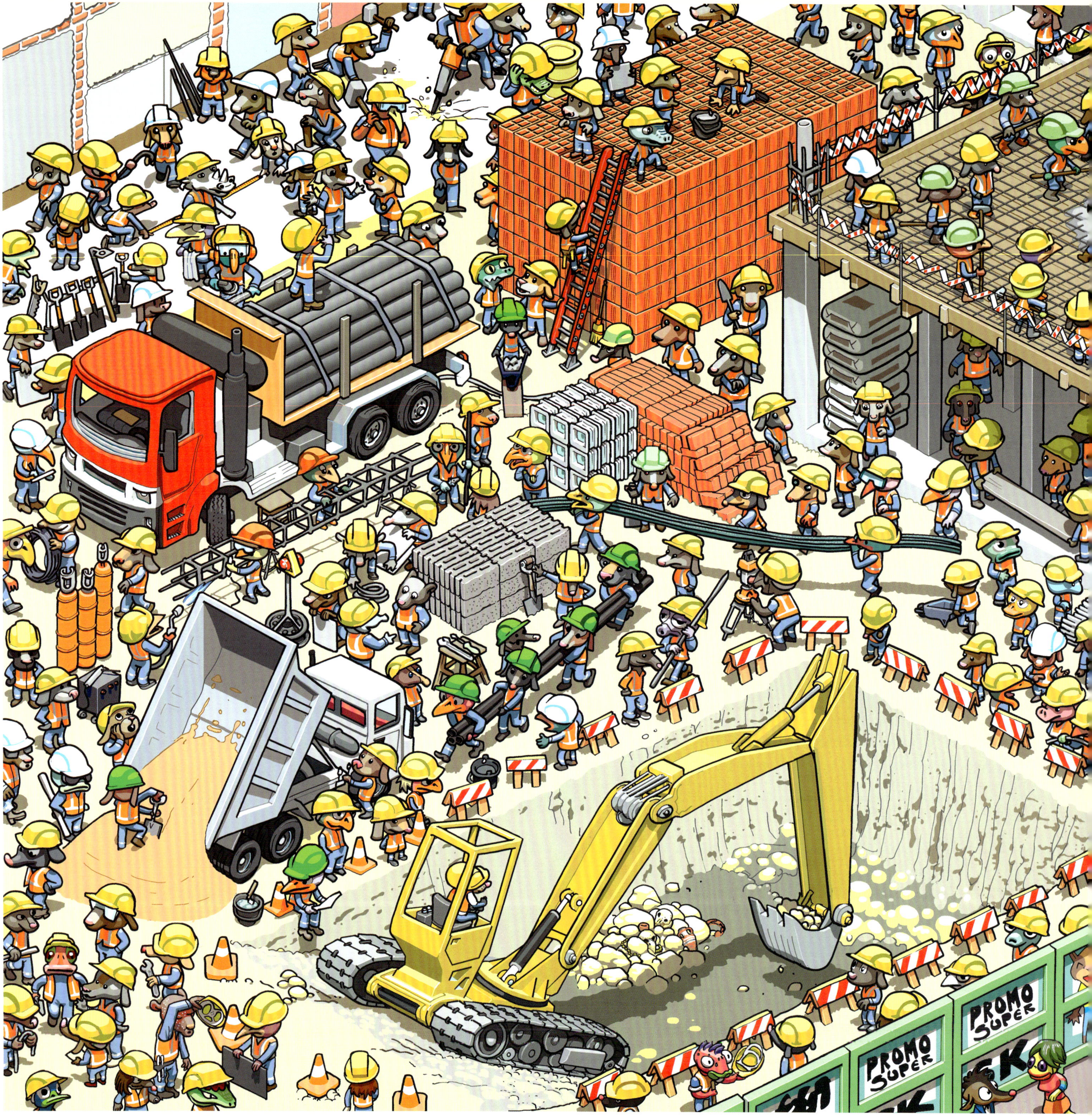
PROMO SUPER
PROMO SUPER

# 工地意外发现

**寻找目标**
1. 小迪
2. 三个粉刷匠
3. 小利
4. 小托
5. 阿祖
6. 小良和小沙
7. 吕西
8. 约瑟夫
9. 颅骨和花瓶

工地上真忙碌啊！工人们都在专心工作。

瞧，**小迪**正在安装玻璃。玻璃太重了！他借助两个真空吸盘来抓住玻璃。他最好小心，要不然就会伤到外面的**三个粉刷匠**。请找到他们四个。

**小利**拿着一根管子，混凝土正从里面流出来。他很想往伙伴们身上洒一些混凝土，引大家笑一笑。快，快去阻止他！

**小托**的电钻一直响，吵得**阿祖**的耳朵疼，他俩都该戴上隔音耳罩！

**小良和小沙**热坏了，他们摘下了头盔，擦擦额头上的汗，这才喘过气来。你看到他们了吗？

**吕西**拉来一卡车管材，他站在车上，想喊人来帮他卸货，需要个梯子呢。可站在砖垛上的**约瑟夫**却回答说，他还得留着梯子搬砖。你找到他们了吗？

突然，一件意想不到的事发生了！在塔拉清理石头的大坑里，出现了一些十分古老的**颅骨和花瓶**。塔拉坐在挖掘机的操纵室里，还什么都没注意到呢。你能在她之前发现这些颅骨和花瓶吗？

# 博物馆之行

寻找目标：
1. 老亨利
2. 八座金字塔的模型
3. 讲解员小姐
4. 阿赛
5. 奥托
6. 小萨
7. 小麦、托比和小迪

周日到了，博物馆里人真多呀。每周，**老亨利**都会来逛一逛各个展馆。他拄着拐杖，一步一步走得可慢了。

老亨利是一位勘探家，他向这家博物馆捐赠了无数珍宝。瞧，美洲出土的**八座金字塔的模型**就是他送的呀！正是在这个地方，他进行了大量挖掘工作。

几分钟前，他还听到**讲解员小姐**给孩子们讲述他的丰功伟绩，孩子们都坐在地上认真地听。他可自豪了！

现在去安抚一下**阿赛**吧，他从有着绿色鬃毛的龙头旁边走过的时候着实吓了一大跳呢。

**奥托**很想和带有四个轮子的小狗展品玩一玩。快去跟他说不可以！

你也可以去帮帮那两位安保人员，他们在追一个想要逃跑的骨头架子。之后你就可以去**小萨**那里休息了，他一头倒在了二楼的长椅上。

**小麦、托比和小迪**是老亨利的崇拜者。他们手里都拿着一张白纸，去找偶像要签名了。你要是找到了他们，可以跟他们一起，向这位硕果累累的老先生问好！

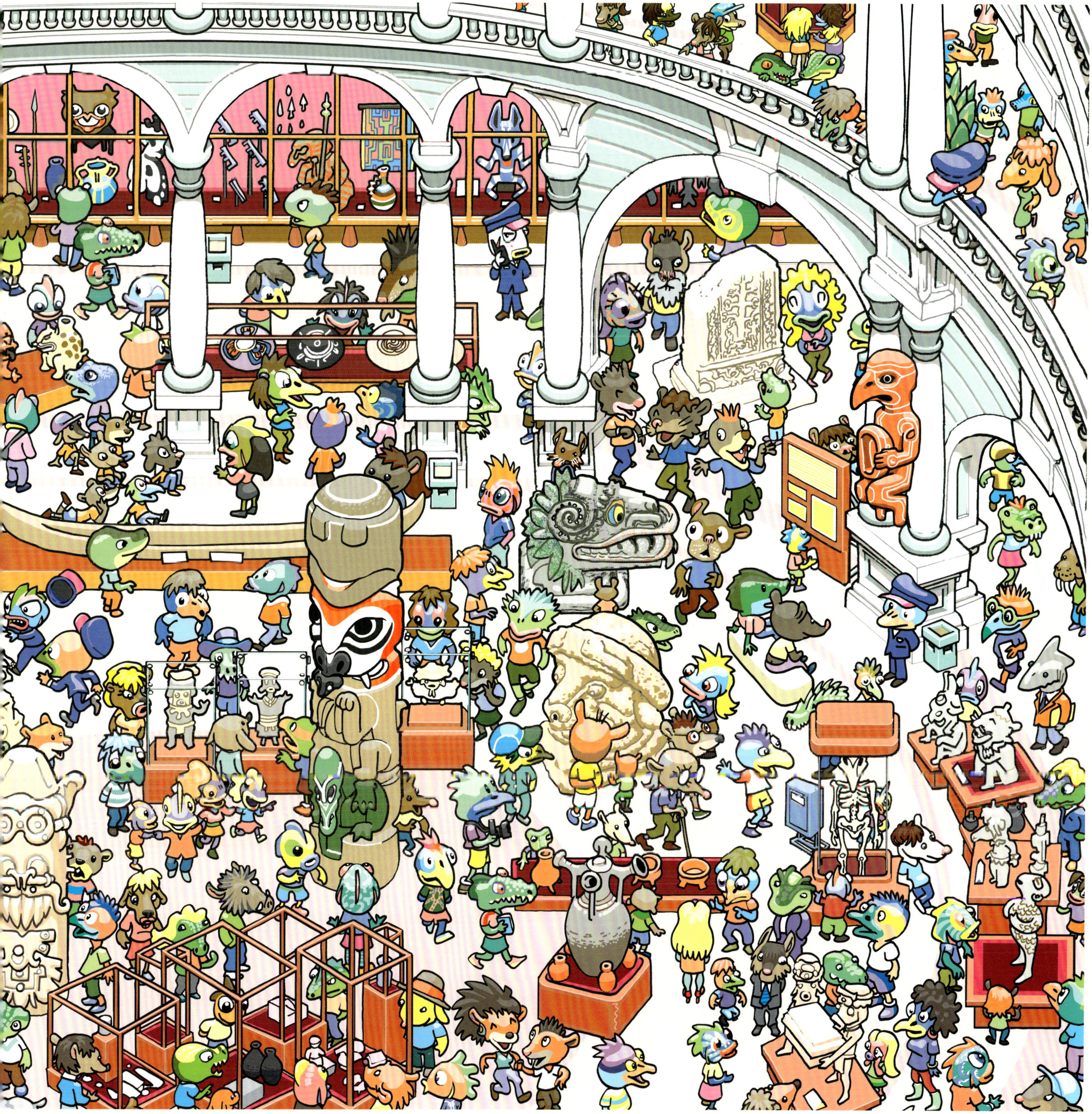

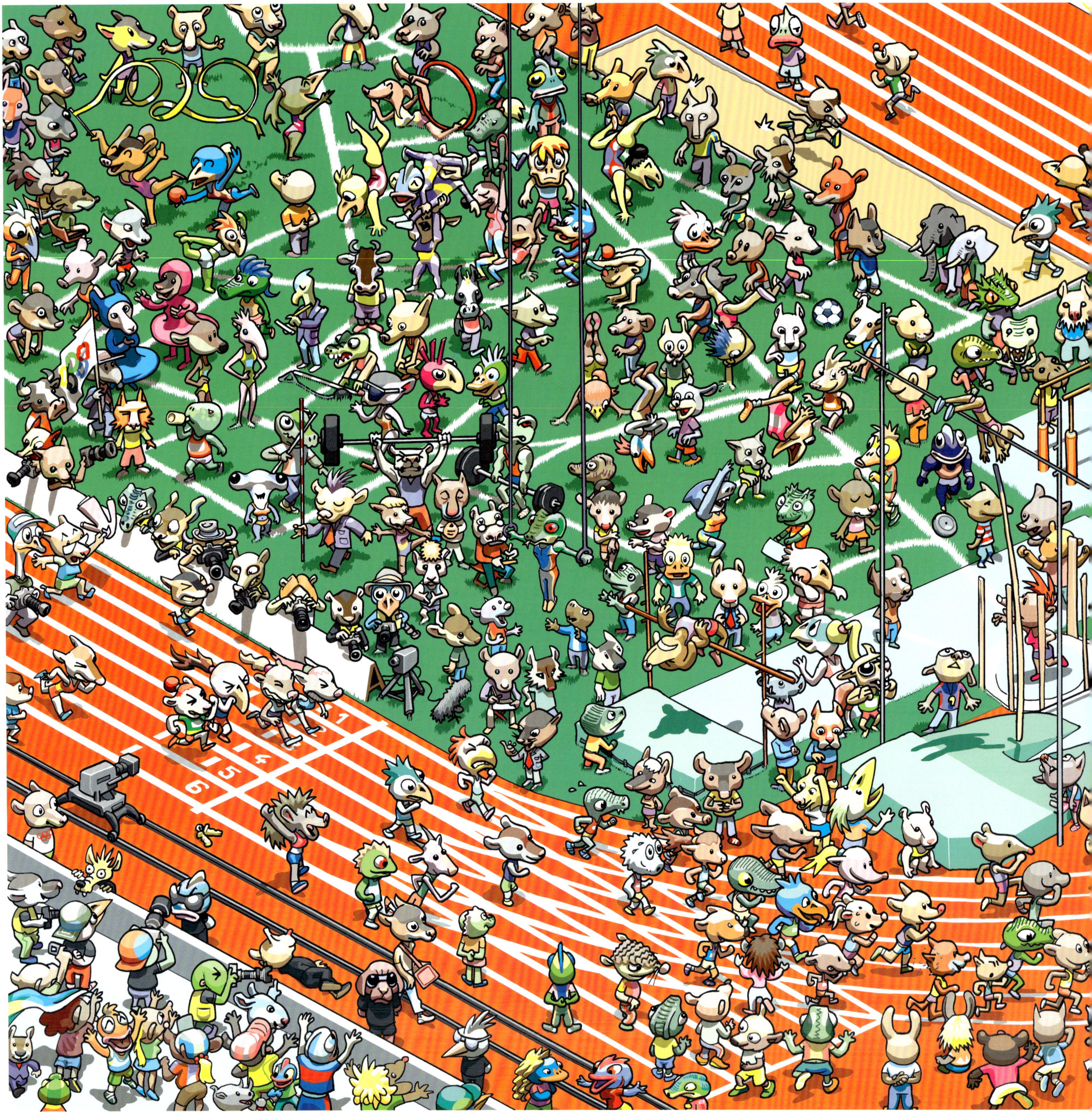
1
4
5
6

# 奥运会赛事

**寻找目标：**
1. 秒表
2. 安安
3. 小塞
4. 阿姆
5. 一名摄影师
6. 保安查德
7. 小娜和小琳
8. 蒂芬

安安生气极了：他的**秒表**去了，可他还得为下一场比赛计时呢。快帮他找找吧，可别让人踩到它。

有人找到秒表了，赶紧跑去送给**安安**吧。运动场里只有几个双手抱胸的人，安安就是其中之一。他穿着黄色的长裤，鞋子和羊毛衫的颜色一样，他就站在领奖台附近。

也得去通知一下**小塞**，让他别再用望远镜找了。那只珍贵的秒表刚被**阿姆**找到了，就是穿着蓝色运动短裤和黄色背心的那个小家伙。

这时，**一名摄影师**要求戴墨镜的**保安查德**挪一挪位置，好让他拍照。要是查德不肯的话，他可要扯开嗓门大喊了。快去劝劝他们吧，别让他们吵起来。

现在去鼓励鼓励**小娜和小琳**吧，她们正各自用一个红色的小球练习体操。

快瞧**蒂芬**！她穿着休闲鞋在跑道上跑呢，手里挥舞着某个运动员落下的上衣。难以置信吧？她的速度都要破纪录了，尽管她从没参加过专业比赛，她绝对是个天才！

# 彩蛋

每幅插图中都有一对双胞胎,已经按顺序列在下方了。你的最后一项任务就是找到他们。祝你好运!

| 第2~3页 | 第4~5页 | 第6~7页 | 第8~9页 | 第10~11页 | 第12~13页 | 第14~15页 | 第16~17页 |

| 第18~19页 | 第20~21页 | 第22~23页 | 第24~25页 | 第26~27页 | 第28~29页 | 第30~31页 | 第32~33页 |

扫码查看答案